А. С. Пушкин
Сказки

Иллюстрации Анны Власовой

Москва
2016

Сказка о царе Салтане, о сыне его славном и могучем богатыре князе Гвидоне Салтановиче и о прекрасной царевне Лебеди

Три девицы под окном
Пряли поздно вечерком.
«Кабы я была царица, –
Говорит одна девица, –
То на весь крещёный мир
Приготовила б я пир».
«Кабы я была царица, –
Говорит её сестрица, –
То на весь бы мир одна
Наткала я полотна».
«Кабы я была царица, –
Третья молвила сестрица, –
Я б для батюшки-царя
Родила богатыря».

Только вымолвить успела,
Дверь тихонько заскрыпела,
И в светлицу входит царь,
Стороны той государь.
Во всё время разговора
Он стоял позадь забора;
Речь последней по всему
Полюбилася ему.
«Здравствуй, красная девица, –
Говорит он, – будь царица
И роди богатыря
Мне к исходу сентября.
Вы ж, голубушки-сестрицы,
Выбирайтесь из светлицы.
Поезжайте вслед за мной,
Вслед за мной и за сестрой:
Будь одна из вас ткачиха,
А другая повариха».

В сени вышел царь-отец.
Все пустились во дворец.
Царь недолго собирался:
В тот же вечер обвенчался.
Царь Салтан за пир честной
Сел с царицей молодой;
А потом честные гости
На кровать слоновой кости
Положили молодых
И оставили одних.
В кухне злится повариха,
Плачет у станка ткачиха,
И завидуют оне
Государевой жене.
А царица молодая,
Дела вдаль не отлагая,
С первой ночи понесла.

В те поры война была.
Царь Салтан, с женой простяся,
На добра коня садяся,
Ей наказывал себя
Поберечь, его любя.
Между тем как он далёко
Бьётся долго и жестоко,
Наступает срок родин;
Сына Бог им дал в аршин,
И царица над ребёнком,
Как орлица над орлёнком;
Шлёт с письмом она гонца,
Чтоб обрадовать отца.

А ткачиха с поварихой,
С сватьей бабой Бабарихой
Извести её хотят,
Перенять гонца велят;
Сами шлют гонца другого
Вот с чем от слова до слова:
«Родила царица в ночь
Не то сына, не то дочь;
Не мышонка, не лягушку,
А неведому зверюшку».

Как услышал царь-отец,
Что донёс ему гонец,
В гневе начал он чудесить
И гонца хотел повесить;
Но, смягчившись на сей раз,
Дал гонцу такой приказ:
«Ждать царёва возвращенья
Для законного решенья».

Едет с грамотой гонец
И приехал наконец.
А ткачиха с поварихой,
С сватьей бабой Бабарихой,
Обобрать его велят;
Допьяна гонца поят
И в суму его пустую
Суют грамоту другую –
И привёз гонец хмельной
В тот же день приказ такой:
«Царь велит своим боярам,
Времени не тратя даром,
И царицу и приплод
Тайно бросить в бездну вод».
Делать нечего: бояре,
Потужив о государе
И царице молодой,
В спальню к ней пришли толпой.
Объявили царску волю –
Ей и сыну злую долю,
Прочитали вслух указ,
И царицу в тот же час
В бочку с сыном посадили,
Засмолили, покатили
И пустили в Окиян –
Так велел-де царь Салтан.

В синем небе звёзды блещут,
В синем море волны хлещут;
Туча по небу идёт,
Бочка по морю плывёт.
Словно горькая вдовица,
Плачет, бьётся в ней царица;
И растёт ребёнок там
Не по дням, а по часам.
День прошёл, царица вопит...
А дитя волну торопит:
«Ты, волна моя, волна!
Ты гульлива и вольна;
Плещешь ты, куда захочешь,
Ты морские камни точишь,
Топишь берег ты земли,
Подымаешь корабли –
Не губи ты нашу душу:
Выплесни ты нас на сушу!»
И послушалась волна:
Тут же на берег она
Бочку вынесла легонько
И отхлынула тихонько.
Мать с младенцем спасена;
Землю чувствует она.
Но из бочки кто их вынет?
Бог неужто их покинет?
Сын на ножки поднялся,
В дно головкой уперся,
Понатужился немножко:
«Как бы здесь на двор окошко
Нам проделать?» – молвил он,
Вышиб дно и вышел вон.

Мать и сын теперь на воле;
Видят холм в широком поле,
Море синее кругом,
Дуб зелёный над холмом.
Сын подумал: добрый ужин
Был бы нам, однако, нужен.
Ломит он у дуба сук
И в тугой сгибает лук,
Со креста снурок шелковый
Натянул на лук дубовый,
Тонку тросточку сломил,
Стрелкой лёгкой завострил
И пошёл на край долины
У моря искать дичины.

К морю лишь подходит он,
Вот и слышит будто стон...
Видно, на море не тихо;
Смотрит – видит дело лихо:
Бьётся лебедь средь зыбей,
Коршун носится над ней;

Та бедняжка так и плещет,
Воду вкруг мутит и хлещет...
Тот уж когти распустил,
Клёв кровавый навострил...
Но как раз стрела запела,
В шею коршуна задела –
Коршун в море кровь пролил,
Лук царевич опустил;
Смотрит: коршун в море тонет
И не птичьим криком стонет,
Лебедь около плывёт,
Злого коршуна клюёт,
Гибель близкую торопит,
Бьёт крылом и в море топит –
И царевичу потом
Молвит русским языком:
«Ты, царевич, мой спаситель,
Мой могучий избавитель,
Не тужи, что за меня
Есть не будешь ты три дня,
Что стрела пропала в море;
Это горе – всё не горе.
Отплачу тебе добром,
Сослужу тебе потом:

Ты не лебедь ведь избавил,
Девицу в живых оставил;
Ты не коршуна убил,
Чародея подстрелил.
Ввек тебя я не забуду:
Ты найдёшь меня повсюду,
А теперь ты воротись,
Не горюй и спать ложись».

Улетела лебедь-птица,
А царевич и царица,
Целый день проведши так,
Лечь решились натощак.
Вот открыл царевич очи;
Отрясая грёзы ночи
И дивясь, перед собой
Видит город он большой,

Стены с частыми зубцами,
И за белыми стенами
Блещут маковки церквей
И святых монастырей.
Он скорей царицу будит;
Та как ахнет!.. «То ли будет? –
Говорит он. – Вижу я:
Лебедь тешится моя».

Мать и сын идут ко граду.
Лишь ступили за ограду,
Оглушительный трезвон
Поднялся со всех сторон:
К ним народ навстречу валит,
Хор церковный Бога хвалит;
В колымагах золотых
Пышный двор встречает их;
Все их громко величают,
И царевича венчают
Княжей шапкой, и главой
Возглашают над собой;
И среди своей столицы,
С разрешения царицы,
В тот же день стал княжить он
И нарёкся: князь Гвидон.

Ветер на море гуляет
И кораблик подгоняет;
Он бежит себе в волнах
На раздутых парусах.
Корабельщики дивятся,
На кораблике толпятся,
На знакомом острову
Чудо видят наяву:
Город новый златоглавый,
Пристань с крепкою заставой,
Пушки с пристани палят,
Кораблю пристать велят.
Пристают к заставе гости;
Князь Гвидон зовёт их в гости,
Их он кормит и поит
И ответ держать велит:
«Чем вы, гости, торг ведёте
И куда теперь плывёте?»
Корабельщики в ответ:
«Мы объехали весь свет,
Торговали соболями,
Чернобурыми лисами;
А теперь нам вышел срок,
Едем прямо на восток,
Мимо острова Буяна,
В царство славного Салтана...»
Князь им вымолвил тогда:
«Добрый путь вам, господа,
По морю по Окияну
К славному царю Салтану;
От меня ему поклон».

Гости в путь, а князь Гвидон
С берега душой печальной
Провожает бег их дальный;
Глядь – поверх текучих вод
Лебедь белая плывёт.
«Здравствуй, князь ты мой прекрасный!
Что ты тих, как день ненастный?
Опечалился чему?» –
Говорит она ему.
Князь печально отвечает:
«Грусть-тоска меня съедает,
Одолела молодца:
Видеть я б хотел отца».
Лебедь князю: «Вот в чём горе!
Ну, послушай: хочешь в море
Полететь за кораблём?
Будь же, князь, ты комаром».
И крылами замахала,
Воду с шумом расплескала
И обрызгала его
С головы до ног всего.
Тут он в точку уменьшился,
Комаром оборотился,
Полетел и запищал,
Судно на море догнал,
Потихоньку опустился
На корабль –
и в щель забился.

Ветер весело шумит,
Судно весело бежит
Мимо острова Буяна,
К царству славного Салтана,
И желанная страна
Вот уж издали видна.
Вот на берег вышли гости;
Царь Салтан зовёт их в гости,
И за ними во дворец
Полетел наш удалец.
Видит: весь сияя в злате,
Царь Салтан сидит в палате
На престоле и в венце
С грустной думой на лице;
А ткачиха с поварихой,
С сватьей бабой Бабарихой
Около царя сидят
И в глаза ему глядят.
Царь Салтан гостей сажает
За свой стол и вопрошает:
«Ой вы, гости-господа,
Долго ль ездили? куда?
Ладно ль за морем иль худо?
И какое в свете чудо?»
Корабельщики в ответ:
«Мы объехали весь свет;
За морем житьё не худо,
В свете ж вот какое чудо:
В море остров был крутой,
Не привальный, не жилой;
Он лежал пустой равниной;
Рос на нём дубок единый;
А теперь стоит на нём
Новый город со дворцом,
С златоглавыми церквами,
С теремами и садами,
А сидит в нём князь Гвидон;
Он прислал тебе поклон».

Царь Салтан дивится чуду;
Молвит он: «Коль жив я буду,
Чудный остров навещу,
У Гвидона погощу».
А ткачиха с поварихой,
С сватьей бабой Бабарихой
Не хотят его пустить
Чудный остров навестить.
«Уж диковинка, ну право, –
Подмигнув другим лукаво,
Повариха говорит, –
Город у моря стоит!
Знайте, вот что не безделка:
Ель в лесу, под елью бслка,
Белка песенки поёт
И орешки всё грызёт,
А орешки не простые,
Всё скорлупки золотые,
Ядра – чистый изумруд;
Вот что чудом-то зовут».
Чуду царь Салтан дивится,
А комар-то злится, злится –
И впился комар как раз
Тётке прямо в правый глаз.
Повариха побледнела,
Обмерла и окривела.
Слуги, сватья и сестра
С криком ловят комара.
«Распроклятая ты мошка!
Мы тебя!..» А он в окошко
Да спокойно в свой удел
Через море полетел.

Снова князь у моря ходит,
С синя моря глаз не сводит;
Глядь – поверх текучих вод
Лебедь белая плывёт.
«Здравствуй,
князь ты мой прекрасный!
Что ж ты тих, как день ненастный?
Опечалился чему?» –
Говорит она ему.
Князь Гвидон ей отвечает:
«Грусть-тоска меня съедает;
Чудо чудное завесть
Мне б хотелось. Где-то есть
Ель в лесу, под елью белка;
Диво, право, не безделка –
Белка песенки поёт
Да орешки всё грызёт,
А орешки не простые,
Всё скорлупки золотые,
Ядра – чистый изумруд;
Но, быть может, люди врут?»
Князю лебедь отвечает:
«Свет о белке правду бает;
Это чудо знаю я;
Полно, князь, душа моя,
Не печалься; рада службу
Оказать тебе я в дружбу».

С ободрённою душой
Князь пошёл себе домой;
Лишь ступил на двор широкий –
Что ж? под ёлкою высокой,
Видит, белочка при всех
Золотой грызёт орех,
Изумрудец вынимает,
А скорлупку собирает,
Кучки равные кладёт
И с присвисточкой поёт
При честном при всём народе:
Во саду ли в огороде.
Изумился князь Гвидон.
«Ну, спасибо, – молвил он, –
Ай да лебедь – дай ей Боже,
Что и мне, веселье то же».
Князь для белочки потом
Выстроил хрустальный дом.
Караул к нему приставил
И притом дьяка заставил
Строгий счёт орехам весть.
Князю прибыль, белке честь.

Ветер по морю гуляет
И кораблик подгоняет;
Он бежит себе в волнах
На поднятых парусах
Мимо острова крутого,
Мимо города большого:
Пушки с пристани палят,
Кораблю пристать велят.
Пристают к заставе гости;
Князь Гвидон зовёт их в гости,
Их и кормит, и поит,
И ответ держать велит:
«Чем вы, гости, торг ведёте
И куда теперь плывёте?»
Корабельщики в ответ:
«Мы объехали весь свет,
Торговали мы конями,
Всё донскими жеребцами,
А теперь нам вышел срок –
И лежит нам путь далёк:
Мимо острова Буяна,
В царство славного Салтана...»
Говорит им князь тогда:
«Добрый путь вам, господа,
По морю по Окияну
К славному царю Салтану;
Да скажите: князь Гвидон
Шлёт царю-де свой поклон».

Гости князю поклонились,
Вышли вон и в путь пустились.
К морю князь – а лебедь там
Уж гуляет по волнам.
Молит князь: душа-де просит,
Так и тянет и уносит...
Вот опять она его
Вмиг обрызгала всего:
В муху князь оборотился,
Полетел и опустился
Между моря и небес
На корабль – и в щель залез.

Ветер весело шумит,
Судно весело бежит
Мимо острова Буяна,
В царство славного Салтана –
И желанная страна
Вот уж издали видна;
Вот на берег вышли гости;
Царь Салтан зовёт их в гости,
И за ними во дворец
Полетел наш удалец.
Видит: весь сияя в злате,
Царь Салтан сидит в палате
На престоле и в венце,
С грустной думой на лице.
А ткачиха с Бабарихой
Да с кривою поварихой
Около царя сидят,
Злыми жабами глядят.
Царь Салтан гостей сажает
За свой стол и вопрошает:
«Ой вы, гости-господа,
Долго ль ездили? куда?
Ладно ль за морем иль худо?
И какое в свете чудо?»
Корабельщики в ответ:
«Мы объехали весь свет;
За морем житьё не худо,
В свете ж вот какое чудо:
Остров на море лежит,
Град на острове стоит

С златоглавыми церквами,
С теремами да садами;
Ель растёт перед дворцом,
А под ней хрустальный дом;
Белка там живёт ручная,
Да затейница какая!
Белка песенки поёт
Да орешки всё грызёт,
А орешки не простые,
Всё скорлупки золотые,
Ядра – чистый изумруд;
Слуги белку стерегут,
Служат ей прислугой разной –
И приставлен дьяк приказный
Строгий счёт орехам весть;
Отдаёт ей войско честь;
Из скорлупок льют монету
Да пускают в ход по свету;

Девки сыплют изумруд
В кладовые, да под спуд;
Все в том острове богаты,
Изоб нет, везде палаты;
А сидит в нём князь Гвидон;
Он прислал тебе поклон».
Царь Салтан дивится чуду:
«Если только жив я буду,
Чудный остров навещу,
У Гвидона погощу».
А ткачиха с поварихой
С сватьей бабой Бабарихой,
Не хотят его пустить
Чудный остров навестить.
Усмехнувшись исподтиха,
Говорит царю ткачиха:
«Что тут дивного? ну, вот!
Белка камушки грызёт,

Мечет золото и в груды
Загребает изумруды;
Этим нас не удивишь,
Правду ль, нет ли говоришь.
В свете есть иное диво:
Море вздуется бурливо,
Закипит, подымет вой,
Хлынет на берег пустой,
Разольётся в шумном беге,
И очутятся на бреге,
В чешуе, как жар горя,
Тридцать три богатыря,
Все красавцы удалые,
Великаны молодые,
Все равны, как на подбор,
С ними дядька Черномор.
Это диво, так уж диво,
Можно молвить справедливо!»
Гости умные молчат,
Спорить с нею не хотят.
Диву царь Салтан дивится,
А Гвидон-то злится, злится...
Зажужжал он и как раз
Тётке сел на левый глаз,
И ткачиха побледнела:
«Ай!» – и тут же окривела;
Все кричат: «Лови, лови,
Да дави её, дави...
Вот ужо! постой немножко,
Погоди...» А князь в окошко,
Да спокойно в свой удел
Через море полетел.

Князь у синя моря ходит,
С синя моря глаз не сводит;
Глядь – поверх текучих вод
Лебедь белая плывёт.
«Здравствуй, князь ты мой прекрасный!
Что ты тих, как день ненастный?
Опечалился чему?» –
Говорит она ему.
Князь Гвидон ей отвечает:
«Грусть-тоска меня съедает –
Диво б дивное хотел
Перенесть я в мой удел». –
«А какое ж это диво?» –
«Где-то вздуется бурливо
Окиян, подымет вой,
Хлынет на берег пустой,
Расплеснётся в шумном беге,
И очутятся на бреге,
В чешуе, как жар горя,
Тридцать три богатыря,
Все красавцы молодые,
Великаны удалые,
Все равны, как на подбор,
С ними дядька Черномор».
Князю лебедь отвечает:
«Вот что, князь, тебя смущает?
Не тужи, душа моя,
Это чудо знаю я.
Эти витязи морские
Мне ведь братья все родные.
Не печалься же, ступай,
В гости братцев поджидай».

Князь пошёл, забывши горе,
Сел на башню, и на море
Стал глядеть он; море вдруг
Всколыхалося вокруг,
Расплескалось в шумном беге
И оставило на бреге
Тридцать три богатыря;
В чешуе, как жар горя,
Идут витязи четами,
И, блистая сединами,
Дядька впереди идёт
И ко граду их ведёт.

С башни князь Гвидон сбегает,
Дорогих гостей встречает;
Второпях народ бежит;
Дядька князю говорит:
«Лебедь нас к тебе послала
И наказом наказала
Славный город твой хранить
И дозором обходить.
Мы отныне ежеденно
Вместе будем непременно
У высоких стен твоих
Выходить из вод морских,
Так увидимся мы вскоре,
А теперь пора нам в море;
Тяжек воздух нам земли».
Все потом домой ушли.

Ветер по морю гуляет
И кораблик подгоняет;
Он бежит себе в волнах
На поднятых парусах
Мимо острова крутого,
Мимо города большого;
Пушки с пристани палят,
Кораблю пристать велят.
Пристают к заставе гости;
Князь Гвидон зовёт их в гости,
Их и кормит, и поит,
И ответ держать велит:
«Чем вы, гости, торг ведёте?
И куда теперь плывёте?»
Корабельщики в ответ:

«Мы объехали весь свет;
Торговали мы булатом,
Чистым серебром и златом,
И теперь нам вышел срок;
А лежит нам путь далёк,
Мимо острова Буяна,
В царство славного Салтана».
Говорит им князь тогда:
«Добрый путь вам, господа,
По морю по Окияну
К славному царю Салтану.
Да скажите ж: князь Гвидон
Шлёт-де свой царю поклон».

Гости князю поклонились,
Вышли вон и в путь пустились.
К морю князь, а лебедь там
Уж гуляет по волнам.
Князь опять: душа-де просит...
Так и тянет и уносит...
И опять она его
Вмиг обрызгала всего.
Тут он очень уменьшился,
Шмелем князь оборотился,
Полетел и зажужжал;
Судно на море догнал,
Потихоньку опустился
На корму – и в щель забился.

Ветер весело шумит,
Судно весело бежит
Мимо острова Буяна,
В царство славного Салтана,
И желанная страна
Вот уж издали видна.
Вот на берег вышли гости.
Царь Салтан зовёт их в гости,
И за ними во дворец
Полетел наш удалец.
Видит, весь сияя в злате,
Царь Салтан сидит в палате
На престоле и в венце,
С грустной думой на лице.
А ткачиха с поварихой,
С сватьей бабой Бабарихой
Около царя сидят –
Четырьмя все три глядят.
Царь Салтан гостей сажает
За свой стол и вопрошает:
«Ой вы, гости-господа,
Долго ль ездили? куда?
Ладно ль за морем иль худо?
И какое в свете чудо?»
Корабельщики в ответ:
«Мы объехали весь свет;
За морем житьё не худо;
В свете ж вот какое чудо:
Остров на море лежит,
Град на острове стоит,
Каждый день идёт там диво:
Море вздуется бурливо,
Закипит, подымет вой,
Хлынет на берег пустой,
Расплеснётся в скором беге –
И останутся на бреге
Тридцать три богатыря,
В чешуе златой горя,

Все красавцы молодые,
Великаны удалые,
Все равны, как на подбор;
Старый дядька Черномор
С ними из моря выходит
И попарно их выводит,
Чтобы остров тот хранить
И дозором обходить –
И той стражи нет надежней,
Ни храбрее, ни прилежней.
А сидит там князь Гвидон;
Он прислал тебе поклон».
Царь Салтан дивится чуду.
«Коли жив я только буду,
Чудный остров навещу
И у князя погощу».
Повариха и ткачиха
Ни гугу – но Бабариха,
Усмехнувшись, говорит:
«Кто нас этим удивит?
Люди из моря выходят
И себе дозором бродят!
Правду ль бают или лгут,
Дива я не вижу тут.
В свете есть такие ль дива?
Вот идёт молва правдива:
За морем царевна есть,
Что не можно глаз отвесть:
Днём свет божий затмевает,
Ночью землю освещает,
Месяц под косой блестит,
А во лбу звезда горит.
А сама-то величава,
Выплывает, будто пава;
А как речь-то говорит,
Словно реченька журчит.
Молвить можно справедливо,
Это диво, так уж диво».

Гости умные молчат:
Спорить с бабой не хотят.
Чуду царь Салтан дивится –
А царевич хоть и злится,
Но жалеет он очей
Старой бабушки своей:
Он над ней жужжит, кружится –
Прямо на нос к ней садится,
Нос ужалил богатырь:
На носу вскочил волдырь.
И опять пошла тревога:
«Помогите, ради бога!
Караул! лови, лови,
Да дави его, дави...
Вот ужо! пожди немножко,
Погоди!..» А шмель в окошко,
Да спокойно в свой удел
Через море полетел.

Князь у синя моря ходит,
С синя моря глаз не сводит;
Глядь – поверх текучих вод
Лебедь белая плывёт.
«Здравствуй, князь ты мой прекрасный!
Что ж ты тих, как день ненастный?
Опечалился чему?» –
Говорит она ему.
Князь Гвидон ей отвечает:
«Грусть-тоска меня съедает:
Люди женятся; гляжу,
Не женат лишь я хожу». –
«А кого же на примете
Ты имеешь?» – «Да на свете,
Говорят, царевна есть,
Что не можно глаз отвесть.
Днём свет божий затмевает,
Ночью землю освещает –
Месяц под косой блестит,
А во лбу звезда горит.
А сама-то величава,
Выступает, будто пава;
Сладку речь-то говорит,
Будто реченька журчит.
Только, полно, правда ль это?»
Князь со страхом ждёт ответа.
Лебедь белая молчит
И, подумав, говорит:
«Да! такая есть девица.
Но жена не рукавица:
С белой ручки не стряхнёшь
Да за пояс не заткнёшь.

Услужу тебе советом –
Слушай: обо всём об этом
Пораздумай ты путём,
Не раскаяться б потом».
Князь пред нею стал божиться,
Что пора ему жениться,
Что об этом обо всём
Передумал он путём;
Что готов душою страстной
За царевною прекрасной
Он пешком идти отсель
Хоть за тридевять земель.
Лебедь тут, вздохнув глубоко,
Молвила: «Зачем далёко?
Знай, близка судьба твоя,
Ведь царевна эта – я».
Тут она, взмахнув крылами,
Полетела над волнами
И на берег с высоты
Опустилася в кусты,
Встрепенулась, отряхнулась
И царевной обернулась:
Месяц под косой блестит,
А во лбу звезда горит;
А сама-то величава,
Выступает, будто пава;
А как речь-то говорит,
Словно реченька журчит.

Князь царевну обнимает,
К белой груди прижимает
И ведёт её скорей
К милой матушке своей.
Князь ей в ноги, умоляя:
«Государыня родная!
Выбрал я жену себе,
Дочь послушную тебе.
Просим оба разрешенья,
Твоего благословенья:
Ты детей благослови
Жить в совете и любви».
Над главою их покорной
Мать с иконой чудотворной
Слёзы льёт и говорит:
«Бог вас, дети, наградит».
Князь не долго собирался,
На царевне обвенчался;
Стали жить да поживать,
Да приплода поджидать.

Ветер по морю гуляет
И кораблик подгоняет;
Он бежит себе в волнах
На раздутых парусах
Мимо острова крутого,
Мимо города большого;
Пушки с пристани палят,
Кораблю пристать велят.
Пристают к заставе гости.

Князь Гвидон зовёт их в гости,
Он их кормит и поит
И ответ держать велит:
«Чем вы, гости, торг ведёте
И куда теперь плывёте?»
Корабельщики в ответ:
«Мы объехали весь свет,
Торговали мы недаром
Неуказанным товаром;
А лежит нам путь далёк:
Восвояси на восток,
Мимо острова Буяна,
В царство славного Салтана».
Князь им вымолвил тогда:
«Добрый путь вам, господа,
По морю по Окияну
К славному царю Салтану;
Да напомните ему,
Государю своему:
К нам он в гости обещался,
А доселе не собрался –
Шлю ему я свой поклон».
Гости в путь, а князь Гвидон
Дома на сей раз остался
И с женою не расстался.

Ветер весело шумит,
Судно весело бежит
Мимо острова Буяна
К царству славного Салтана,
И знакомая страна
Вот уж издали видна.
Вот на берег вышли гости.

Царь Салтан зовёт их в гости.
Гости видят: во дворце
Царь сидит в своём венце,
А ткачиха с поварихой,
С сватьей бабой Бабарихой
Около царя сидят,
Четырьмя все три глядят.
Царь Салтан гостей сажает
За свой стол и вопрошает:
«Ой вы, гости-господа,
Долго ль ездили? куда?
Ладно ль за морем иль худо?
И какое в свете чудо?»
Корабельщики в ответ:
«Мы объехали весь свет;
За морем житьё не худо,
В свете ж вот какое чудо:
Остров на море лежит,
Град на острове стоит,
С златоглавыми церквами,
С теремами и садами;
Ель растёт перед дворцом,
А под ней хрустальный дом;
Белка в нём живёт ручная,
Да чудесница какая!
Белка песенки поёт
Да орешки всё грызёт;
А орешки не простые,
Скорлупы-то золотые,
Ядра – чистый изумруд;
Белку холят, берегут.
Там ещё другое диво:
Море вздуется бурливо,
Закипит, подымет вой,
Хлынет на берег пустой,
Расплеснётся в скором беге,
И очутятся на бреге,
В чешуе, как жар горя,

Тридцать три богатыря,
Все красавцы удалые,
Великаны молодые,
Все равны, как на подбор,
С ними дядька Черномор.
И той стражи нет надежней,
Ни храбрее, ни прилежней.
А у князя жёнка есть,
Что не можно глаз отвесть:
Днём свет божий затмевает,
Ночью землю освещает;
Месяц под косой блестит,
А во лбу звезда горит.
Князь Гвидон тот город правит,
Всяк его усердно славит;
Он прислал тебе поклон,
Да тебе пеняет он:
К нам-де в гости обещался,
А доселе не собрался».

Тут уж царь не утерпел,
Снарядить он флот велел.
А ткачиха с поварихой,
С сватьей бабой Бабарихой
Не хотят царя пустить
Чудный остров навестить.
Но Салтан им не внимает
И как раз их унимает:
«Что я? царь или дитя? –
Говорит он не шутя: –
Нынче ж еду!» – Тут он топнул,
Вышел вон и дверью хлопнул.

Под окном Гвидон сидит,
Молча на море глядит:
Не шумит оно, не хлещет,
Лишь едва-едва трепещет.
И в лазоревой дали
Показались корабли:
По равнинам Окияна
Едет флот царя Салтана.
Князь Гвидон тогда вскочил,
Громогласно возопил:
«Матушка моя родная!
Ты, княгиня молодая!
Посмотрите вы туда:
Едет батюшка сюда».
Флот уж к острову подходит.
Князь Гвидон трубу наводит:
Царь на палубе стоит
И в трубу на них глядит;

С ним ткачиха с поварихой,
С сватьей бабой Бабарихой;
Удивляются оне
Незнакомой стороне.
Разом пушки запалили;
В колокольнях зазвонили;
К морю сам идёт Гвидон;
Там царя встречает он
С поварихой и ткачихой,
С сватьей бабой Бабарихой;
В город он повёл царя,
Ничего не говоря.

Все теперь идут в палаты:
У ворот блистают латы,
И стоят в глазах царя
Тридцать три богатыря,
Все красавцы молодые,
Великаны удалые,
Все равны, как на подбор,
С ними дядька Черномор.
Царь ступил на двор широкий:
Там под ёлкою высокой
Белка песенку поёт,
Золотой орех грызёт,
Изумрудец вынимает
И в мешочек опускает;
И засеян двор большой
Золотою скорлупой.
Гости дале – торопливо
Смотрят – что ж? княгиня – диво:
Под косой луна блестит,
А во лбу звезда горит;
А сама-то величава,
Выступает, будто пава,
И свекровь свою ведёт.
Царь глядит – и узнаёт...
В нём взыграло ретивое!

«Что я вижу? что такое?
Как!» – и дух в нём занялся...
Царь слезами залился.
Обнимает он царицу,
И сынка, и молодицу,
И садятся все за стол;
И весёлый пир пошёл.
А ткачиха с поварихой,
С сватьей бабой Бабарихой
Разбежались по углам;
Их нашли насилу там.
Тут во всём они признались,
Повинились, разрыдались;
Царь для радости такой
Отпустил всех трёх домой.
День прошёл – царя Салтана
Уложили спать вполпьяна.
Я там был; мёд, пиво пил –
И усы лишь обмочил.

Сказка о рыбаке и рыбке

Жил старик со своею старухой
У самого синего моря;
Они жили в ветхой землянке
Ровно тридцать лет и три года.
Старик ловил неводом рыбу,
Старуха пряла свою пряжу.
Раз он в море закинул невод –
Пришёл невод с одною тиной.
Он в другой раз закинул невод –
Пришёл невод с травою морскою.
В третий раз закинул он невод,
Пришёл невод с одною рыбкой,
С не простою рыбкой – золотою.
Как взмолится золотая рыбка!
Голосом молвит человечьим:
«Отпусти ты, старче, меня в море,
Дорогой за себя дам откуп:
Откуплюсь чем только пожелаешь».

Удивился старик, испугался:
Он рыбачил тридцать лет и три года
И не слыхивал, чтоб рыба говорила.
Отпустил он рыбку золотую
И сказал ей ласковое слово:
«Бог с тобою, золотая рыбка!
Твоего мне откупа не надо;
Ступай себе в синее море,
Гуляй там себе на просторе».

Воротился старик ко старухе,
Рассказал ей великое чудо:
«Я сегодня поймал было рыбку,
Золотую рыбку, не простую;
По-нашему говорила рыбка,
Домой в море синее просилась,
Дорогою ценою откупалась:
Откупалась чем только пожелаю.
Не посмел я взять с неё выкуп;
Так пустил её в синее море».
Старика старуха забранила:
«Дурачина ты, простофиля!
Не умел ты взять выкупа с рыбки!
Хоть бы взял ты с неё корыто,
Наше-то совсем раскололось».

Вот пошёл он к синему морю;
Видит – море слегка разыгралось.
Стал он кликать золотую рыбку,
Приплыла к нему рыбка
и спросила:
«Чего тебе надобно, старче?»
Ей с поклоном старик отвечает:
«Смилуйся, государыня рыбка,
Разбранила меня моя старуха,
Не даёт старику мне покою:
Надобно ей новое корыто,
Наше-то совсем раскололось».
Отвечает золотая рыбка:
«Не печалься, ступай себе
с Богом,
Будет вам новое корыто».
Воротился старик ко старухе,
У старухи новое корыто.
Ещё пуще старуха бранится:
«Дурачина ты, простофиля!
Выпросил, дурачина, корыто!
В корыте много ль корысти?
Воротись, дурачина, ты к рыбке;
Поклонись ей, выпроси уж избу».

Вот пошёл он к синему морю
(Помутилося синее море).
Стал он кликать золотую рыбку,
Приплыла к нему рыбка, спросила:
«Чего тебе надобно, старче?»
Ей старик с поклоном отвечает:
«Смилуйся, государыня рыбка!
Ещё пуще старуха бранится,
Не даёт старику мне покою:
Избу просит сварливая баба».
Отвечает золотая рыбка:
«Не печалься, ступай себе с Богом,
Так и быть: изба вам уж будет».
Пошёл он ко своей землянке,

А землянки нет уж и следа;
Перед ним изба со светёлкой,
С кирпичною, белёною трубою,
С дубовыми, тесовыми вороты.
Старуха сидит под окошком,
На чём свет стоит мужа ругает:
«Дурачина ты, прямой простофиля!
Выпросил, простофиля, избу!
Воротись, поклонися рыбке:
Не хочу быть чёрной крестьянкой,
Хочу быть столбовою дворянкой».

Пошёл старик к синему морю.
(Неспокойно синее море).
Стал он кликать золотую рыбку.
Приплыла к нему рыбка, спросила:
«Чего тебе надобно, старче?»
Ей с поклоном старик отвечает:
«Смилуйся, государыня рыбка!
Пуще прежнего старуха вздурилась,
Не даёт старику мне покою:
Уж не хочет быть она крестьянкой,
Хочет быть столбовою дворянкой».
Отвечает золотая рыбка:
«Не печалься, ступай себе с Богом».

Воротился старик ко старухе.
Что ж он видит? Высокий терем.
На крыльце стоит его старуха
В дорогой собольей душегрейке,
Парчовая на маковке кичка,
Жемчуги огрузили шею,
На руках золотые перстни,
На ногах красные сапожки.
Перед нею усердные слуги;
Она бьёт их, за чупрун таскает.
Говорит старик своей старухе:
«Здравствуй, барыня сударыня
дворянка!
Чай, теперь твоя душенька
довольна».
На него прикрикнула старуха,
На конюшне служить его послала.

Вот неделя, другая проходит,
Ещё пуще старуха вздурилась;
Опять к рыбке старика посылает.
«Воротись, поклонися рыбке:
Не хочу быть столбовою дворянкой,
А хочу быть вольною царицей».
Испугался старик, взмолился:
«Что ты, баба, белены объелась?
Ни ступить, ни молвить не умеешь.
Насмешишь ты целое царство».
Осердилася пуще старуха,
По щеке ударила мужа.
«Как ты смеешь, мужик, спорить
со мною,
Со мною, дворянкой столбовою?
Ступай к морю, говорят тебе честью,
Не пойдёшь, поведут поневоле».

Старичок отправился к морю
(Почернело синее море).
Стал он кликать золотую рыбку.
Приплыла к нему рыбка, спросила:
«Чего тебе надобно, старче?»
Ей с поклоном старик отвечает:
«Смилуйся, государыня рыбка!
Опять моя старуха бунтует:
Уж не хочет быть она дворянкой,
Хочет быть вольною царицей».
Отвечает золотая рыбка:
«Не печалься, ступай себе с Богом!
Добро! будет старуха царицей!»

Старичок к старухе воротился.
Что ж! пред ним царские палаты.
В палатах видит свою старуху,
За столом сидит она царицей,
Служат ей бояре да дворяне,
Наливают ей заморские вина;
Заедает она пряником печатным;
Вкруг её стоит грозная стража,
На плечах топорики держат.
Как увидел старик – испугался;
В ноги он старухе поклонился,
Молвил: «Здравствуй, грозная царица!
Ну, теперь твоя душенька довольна?»
На него старуха не взглянула,
Лишь с очей прогнать его велела.
Подбежали бояре и дворяне,
Старика взашеи затолкали.
А в дверях-то стража подбежала,
Топорами чуть не изрубила.
А народ-то над ним насмеялся:
«Поделом тебе, старый невежа!
Впредь тебе, невежа, наука:
Не садися не в свои сани!»

Вот неделя, другая проходит,
Ещё пуще старуха вздурилась:
Царедворцев за мужем посылает,
Отыскали старика, привели к ней.
Говорит старику старуха:
«Воротись, поклонися рыбке.
Не хочу быть вольною царицей,
Хочу быть владычицей морскою,
Чтобы жить мне в Окияне-море,
Чтоб служила мне рыбка золотая
И была б у меня на посылках».

Старик не осмелился перечить,
Не дерзнул поперёк слова молвить.
Вот идёт он к синему морю,
Видит, на море чёрная буря:
Так и вздулись сердитые волны,
Так и ходят, так воем и воют.
Стал он кликать золотую рыбку.
Приплыла к нему рыбка, спросила:
«Чего тебе надобно, старче?»
Ей старик с поклоном отвечает:
«Смилуйся, государыня рыбка!

Что мне делать с проклятою бабой?
Уж не хочет быть она царицей,
Хочет быть владычицей морскою;
Чтобы жить ей в Окияне-море,
Чтобы ты сама ей служила
И была бы у ней на посылках».
Ничего не сказала рыбка,
Лишь хвостом по воде плеснула
И ушла в глубокое море.
Долго у моря ждал он ответа,
Не дождался, к старухе воротился –
Глядь: опять перед ним землянка;
На пороге сидит его старуха,
А пред нею разбитое корыто.

Сказка о мёртвой царевне и о семи богатырях

Царь с царицею простился,
В путь-дорогу снарядился,
И царица у окна
Села ждать его одна.
Ждёт-пождёт с утра до ночи,
Смотрит в поле, инда очи
Разболелись глядючи
С белой зори до ночи;
Не видать милого друга!
Только видит: вьётся вьюга,
Снег валится на поля,
Вся белёшенька земля.
Девять месяцев проходит,
С поля глаз она не сводит.
Вот в сочельник в самый, в ночь
Бог даёт царице дочь.

Рано утром гость желанный,
День и ночь так долго жданный,
Издалеча наконец
Воротился царь-отец.
На него она взглянула,
Тяжелёшенько вздохнула,
Восхищенья не снесла
И к обедне умерла.

Долго царь был неутешен,
Но как быть? и он был грешен;
Год прошёл, как сон пустой,
Царь женился на другой.
Правду молвить, молодица
Уж и впрямь была царица:
Высока, стройна, бела,
И умом и всем взяла;
Но зато горда, ломлива,
Своенравна и ревнива.
Ей в приданое дано
Было зеркальце одно;
Свойство зеркальце имело:
Говорить оно умело.
С ним одним она была
Добродушна, весела,
С ним приветливо шутила
И, красуясь, говорила:
«Свет мой, зеркальце! скажи,
Да всю правду доложи:
Я ль на свете всех милее,
Всех румяней и белее?»
И ей зеркальце в ответ:
«Ты, конечно, спору нет;
Ты, царица, всех милее,
Всех румяней и белее».
И царица хохотать,
И плечами пожимать,

И подмигивать глазами,
И прищёлкивать перстами,
И вертеться подбочась,
Гордо в зеркальце глядясь.

Но царевна молодая,
Тихомолком расцветая,
Между тем росла, росла,
Поднялась – и расцвела,
Белолица, черноброва,
Нраву кроткого такого.
И жених сыскался ей,
Королевич Елисей.
Сват приехал, царь дал слово,
А приданое готово:
Семь торговых городов
Да сто сорок теремов.

На девичник собираясь,
Вот царица, наряжаясь
Перед зеркальцем своим,
Перемолвилася с ним:
«Я ль, скажи мне, всех милее,
Всех румяней и белее?»
Что же зеркальце в ответ?
«Ты прекрасна, спору нет;
Но царевна всех милее,
Всех румяней и белее».
Как царица отпрыгнёт,
Да как ручку замахнёт,
Да по зеркальцу как хлопнет,
Каблучком-то как притопнет!..
«Ах ты, мерзкое стекло!
Это врёшь ты мне назло.
Как тягаться ей со мною?
Я в ней дурь-то успокою.
Вишь какая подросла!
И не диво, что бела:
Мать брюхатая сидела
Да на снег лишь и глядела!
Но скажи: как можно ей
Быть во всём меня милей?
Признавайся: всех я краше.
Обойди всё царство наше,
Хоть весь мир; мне ровной нет.
Так ли?» Зеркальце в ответ:
«А царевна всё ж милее,
Всё ж румяней и белее».
Делать нечего. Она,
Чёрной зависти полна,
Бросив зеркальце под лавку,
Позвала к себе Чернавку
И наказывает ей,
Сенной девушке своей,
Весть царевну в глушь лесную
И, связав её, живую

Под сосной оставить там
На съедение волкам.

Чёрт ли сладит с бабой гневной?
Спорить нечего. С царевной
Вот Чернавка в лес пошла
И в такую даль свела,
Что царевна догадалась,
И до смерти испугалась,
И взмолилась: «Жизнь моя!
В чём, скажи, виновна я?
Не губи меня, девица!
А как буду я царица,
Я пожалую тебя».
Та, в душе её любя,
Не убила, не связала,
Отпустила и сказала:
«Не кручинься. Бог с тобой».
А сама пришла домой.
«Что? – сказала ей царица. –
Где красавица девица?» –
«Там, в лесу, стоит одна, –
Отвечает ей она, –
Крепко связаны ей локти;
Попадётся зверю в когти,
Меньше будет ей терпеть,
Легче будет умереть».

И молва трезвонить стала:
Дочка царская пропала!
Тужит бедный царь по ней.
Королевич Елисей,
Помолясь усердно Богу,
Отправляется в дорогу
За красавицей-душой,
За невестой молодой.

Но невеста молодая,
До зари в лесу блуждая,
Между тем всё шла да шла
И на терем набрела.
Ей навстречу пёс, залая,
Прибежал и смолк, играя;
В ворота вошла она,
На подворье тишина.
Пёс бежит за ней, ласкаясь,
А царевна, подбираясь,
Поднялася на крыльцо
И взялася за кольцо;
Дверь тихонько отворилась,
И царевна очутилась
В светлой горнице; кругом
Лавки, крытые ковром,
Под святыми стол дубовый,
Печь с лежанкой изразцовой.
Видит девица, что тут
Люди добрые живут;
Знать, не будет ей обидно.
Никого меж тем не видно.
Дом царевна обошла,
Всё порядком убрала,
Засветила Богу свечку,
Затопила жарко печку,
На полати взобралась
И тихонько улеглась.

Час обеда приближался,
Топот по двору раздался:
Входят семь богатырей,
Семь румяных усачей.
Старший молвил: «Что за диво!
Всё так чисто и красиво.
Кто-то терем прибирал
Да хозяев поджидал.
Кто же? Выдь и покажися,
С нами честно подружися.
Коль ты старый человек,
Дядей будешь нам навек.
Коли парень ты румяный,
Братец будешь нам названый.
Коль старушка, будь нам мать,
Так и станем величать.
Коли красная девица,
Будь нам милая сестрица».

И царевна к ним сошла,
Честь хозяям отдала,
В пояс низко поклонилась;
Закрасневшись, извинилась,
Что-де в гости к ним зашла,
Хоть звана и не была.
Вмиг по речи те спознали,
Что царевну принимали;
Усадили в уголок,
Подносили пирожок,
Рюмку полну наливали,
На подносе подавали.
От зелёного вина
Отрекалася она;
Пирожок лишь разломила,
Да кусочек прикусила,
И с дороги отдыхать
Отпросилась на кровать.

Отвели они девицу
Вверх во светлую светлицу
И оставили одну,
Отходящую ко сну.

День за днём идёт, мелькая,
А царевна молодая
Всё в лесу, не скучно ей
У семи богатырей.
Перед утренней зарёю
Братья дружною толпою
Выезжают погулять,

Серых уток пострелять,
Руку правую потешить,
Сорочина в поле спешить,
Иль башку с широких плеч
У татарина отсечь,
Или вытравить из леса
Пятигорского черкеса.
А хозяюшкой она
В терему меж тем одна
Приберёт и приготовит.
Им она не прекословит,
Не перечат ей они.
Так идут за днями дни.

Братья милую девицу
Полюбили. К ней в светлицу
Раз, лишь только рассвело,
Всех их семеро вошло.
Старший молвил ей: «Девица,
Знаешь: всем ты нам сестрица,
Всех нас семеро, тебя
Все мы любим, за себя
Взять тебя мы все бы ради,
Да нельзя, так бога ради
Помири нас как-нибудь:
Одному женою будь,
Прочим ласковой сестрою.
Что ж качаешь головою?
Аль отказываешь нам?
Аль товар не по купцам?»

«Ой вы, молодцы честные,
Братцы вы мои родные, –
Им царевна говорит, –
Коли лгу, пусть Бог велит
Не сойти живой мне с места.
Как мне быть? ведь я невеста.
Для меня вы все равны,
Все удалы, все умны,
Всех я вас люблю сердечно;
Но другому я навечно
Отдана. Мне всех милей
Королевич Елисей».

Братья молча постояли
Да в затылке почесали.
«Спрос не грех. Прости ты нас, –
Старший молвил, поклонясь, –
Коли так, не заикнуся
Уж о том». – «Я не сержуся, –

Тихо молвила она, –
И отказ мой не вина».
Женихи ей поклонились,
Потихоньку удалились,
И согласно все опять
Стали жить да поживать.

Между тем царица злая,
Про царевну вспоминая,
Не могла простить её,
А на зеркальце своё
Долго дулась и сердилась;
Наконец об нём хватилась
И пошла за ним, и сев
Перед ним, забыла гнев,
Красоваться снова стала
И с улыбкою сказала:
«Здравствуй, зеркальце! скажи,
Да всю правду доложи:
Я ль на свете всех милее,
Всех румяней и белее?»
И ей зеркальце в ответ:
«Ты прекрасна, спору нет;
Но живёт без всякой славы,
Средь зелёныя дубравы,
У семи богатырей
Та, что всё ж тебя милей».
И царица налетела
На Чернавку: «Как ты смела
Обмануть меня? и в чём!..»
Та призналася во всём:
Так и так. Царица злая,
Ей рогаткой угрожая,
Положила иль не жить,
Иль царевну погубить.

Раз царевна молодая,
Милых братьев поджидая,
Пряла, сидя под окном.
Вдруг сердито под крыльцом
Пёс залаял, и девица
Видит: нищая черница
Ходит по двору, клюкой
Отгоняя пса. «Постой,
Бабушка, постой немножко, –
Ей кричит она в окошко, –
Пригрожу сама я псу
И кой-что тебе снесу».
Отвечает ей черница:
«Ох ты, дитятко девица!
Пёс проклятый одолел,
Чуть до смерти не заел.

Посмотри, как он хлопочет!
Выдь ко мне». – Царевна хочет
Выйти к ней и хлеб взяла,
Но с крылечка лишь сошла,
Пёс ей под ноги – и лает,
И к старухе не пускает;
Лишь пойдёт старуха к ней,
Он, лесного зверя злей,
На старуху. «Что за чудо?
Видно, выспался он худо, –
Ей царевна говорит. –
На ж, лови!» – И хлеб летит.
Старушонка хлеб поймала.
«Благодарствую, – сказала. –
Бог тебя благослови;
Вот за то тебе, лови!»
И к царевне наливное,
Молодое, золотое
Прямо яблочко летит...
Пёс как прыгнет, завизжит...
Но царевна в обе руки
Хвать – поймала. «Ради скуки
Кушай яблочко, мой свет.
Благодарствуй за обед», –
Старушоночка сказала,
Поклонилась и пропала...

И с царевной на крыльцо
Пёс бежит и ей в лицо
Жалко смотрит, грозно воет,
Словно сердце пёсье ноет,
Словно хочет ей сказать:
Брось! – Она его ласкать,
Треплет нежною рукою:
«Что, Соколко, что с тобою?
Ляг!» – и в комнату вошла,
Дверь тихонько заперла,
Под окно за пряжу села
Ждать хозяев, а глядела
Всё на яблоко. Оно
Соку спелого полно,
Так свежо и так душисто,
Так румяно-золотисто,
Будто мёдом налилось!
Видны семечки насквозь...
Подождать она хотела
До обеда, не стерпела,
В руки яблочко взяла,
К алым губкам поднесла,
Потихоньку прокусила
И кусочек проглотила...
Вдруг она, моя душа,
Пошатнулась не дыша,
Белы руки опустила,
Плод румяный уронила,
Закатилися глаза,
И она под образа
Головой на лавку пала
И тиха, недвижна стала...

Братья в ту пору домой
Возвращалися толпой
С молодецкого разбоя.
Им навстречу, грозно воя,
Пёс бежит и ко двору
Путь им кажет. «Не к добру! –
Братья молвили, – печали
Не минуем». Прискакали,
Входят, ахнули. Вбежав,
Пёс на яблоко стремглав
С лаем кинулся, озлился,
Проглотил его, свалился
И издох. Напоено
Было ядом, знать, оно.
Перед мёртвою царевной
Братья в горести душевной
Все поникли головой
И с молитвою святой
С лавки подняли, одели,
Хоронить её хотели
И раздумали. Она,
Как под крылышком у сна,
Так тиха, свежа лежала,
Что лишь только не дышала.
Ждали три дня, но она
Не восстала ото сна.
Сотворив обряд печальный,
Вот они во гроб хрустальный
Труп царевны молодой
Положили – и толпой
Понесли в пустую гору
И в полуночную пору
Гроб её к шести столбам
На цепях чугунных там
Осторожно привинтили
И решёткой оградили;

И, пред мёртвою сестрой
Сотворив поклон земной,
Старший молвил: «Спи во гробе;
Вдруг погасла, жертвой злобе,
На земле твоя краса;
Дух твой примут небеса.
Нами ты была любима
И для милого хранима –
Не досталась никому,
Только гробу одному».

В тот же день царица злая,
Доброй вести ожидая,
Втайне зеркальце взяла
И вопрос свой задала:
«Я ль, скажи мне, всех милее,
Всех румяней и белее?»
И услышала в ответ:
«Ты, царица, спору нет,
Ты на свете всех милее,
Всех румяней и белее».

За невестою своей
Королевич Елисей
Между тем по свету скачет.
Нет как нет! Он горько плачет,
И кого ни спросит он,
Всем вопрос его мудрён;
Кто в глаза ему смеётся,
Кто скорее отвернётся;
К красну солнцу наконец
Обратился молодец:
«Свет наш солнышко! ты ходишь
Круглый год по небу, сводишь
Зиму с тёплою весной,
Всех нас видишь под собой.
Аль откажешь мне в ответе?
Не видало ль где на свете
Ты царевны молодой?
Я жених ей». – «Свет ты мой, –
Красно солнце отвечало, –
Я царевны не видало.
Знать, её в живых уж нет.
Разве месяц, мой сосед,
Где-нибудь её да встретил
Или след её заметил».

Тёмной ночки Елисей
Дождался в тоске своей.
Только месяц показался,
Он за ним с мольбой погнался.
«Месяц, месяц, мой дружок,
Позолоченный рожок!
Ты встаёшь во тьме глубокой,
Круглолицый, светлоокий,
И, обычай твой любя,
Звёзды смотрят на тебя.
Аль откажешь мне в ответе?
Не видал ли где на свете

Ты царевны молодой?
Я жених ей». – «Братец мой, –
Отвечает месяц ясный, –
Не видал я девы красной.
На сторо́же я стою
Только в очередь мою.
Без меня царевна, видно,
Пробежала». – «Как обидно!» –
Королевич отвечал.
Ясный месяц продолжал:
«Погоди; об ней, быть может,
Ветер знает. Он поможет.
Ты к нему теперь ступай,
Не печался же, прощай».

Елисей, не унывая,
К ветру кинулся, взывая:
«Ветер, ветер! Ты могуч,
Ты гоняешь стаи туч,
Ты волнуешь сине море,
Всюду веешь на просторе,
Не боишься никого,
Кроме Бога одного.
Аль откажешь мне в ответе?
Не видал ли где на свете
Ты царевны молодой?
Я жених её». – «Постой, –
Отвечает ветер буйный, –
Там за речкой тихоструйной
Есть высокая гора,
В ней глубокая нора;
В той норе, во тьме печальной,
Гроб качается хрустальный
На цепях между столбов.
Не видать ничьих следов
Вкруг того пустого места,
В том гробу твоя невеста».

Ветер дале побежал.
Королевич зарыдал
И пошёл к пустому месту,
На прекрасную невесту
Посмотреть ещё хоть раз.
Вот идёт, и поднялась
Перед ним гора крутая;
Вкруг неё страна пустая;
Под горою тёмный вход.
Он туда скорей идёт.
Перед ним, во мгле печальной,
Гроб качается хрустальный,
И в хрустальном гробе том
Спит царевна вечным сном.
И о гроб невесты милой
Он ударился всей силой.
Гроб разбился. Дева вдруг
Ожила. Глядит вокруг
Изумлёнными глазами
И, качаясь над цепями,
Привздохнув, произнесла:
«Как же долго я спала!»
И встаёт она из гроба...
Ах!.. И зарыдали оба.
В руки он её берёт
И на свет из тьмы несёт,

И, беседуя приятно,
В путь пускаются обратно,
И трубит уже молва:
Дочка царская жива!

Дома в ту пору без дела
Злая мачеха сидела
Перед зеркальцем своим
И беседовала с ним,
Говоря: «Я ль всех милее,
Всех румяней и белее?»
И услышала в ответ:
«Ты прекрасна, слова нет,
Но царевна всё ж милее,
Всё румяней и белее».
Злая мачеха, вскочив,
Об пол зеркальце разбив,
В двери прямо побежала
И царевну повстречала.

Тут её тоска взяла,
И царица умерла.
Лишь её похоронили,
Свадьбу тотчас учинили,
И с невестою своей
Обвенчался Елисей;
И никто с начала мира
Не видал такого пира;
Я там был, мёд, пиво пил,
Да усы лишь обмочил.

Сказка о золотом петушке

Негде, в тридевятом царстве,
В тридесятом государстве,
Жил-был славный царь Дадон.
Смолоду был грозен он
И соседям то и дело
Наносил обиды смело,
Но под старость захотел
Отдохнуть от ратных дел
И покой себе устроить.
Тут соседи беспокоить
Стали старого царя,
Страшный вред ему творя.
Чтоб концы своих владений
Охранять от нападений,
Должен был он содержать
Многочисленную рать.

Воеводы не дремали,
Но никак не успевали:
Ждут, бывало, с юга, глядь –
Ан с востока лезет рать.
Справят здесь, – лихие гости
Идут от моря. От злости
Инда плакал царь Дадон,
Инда забывал и сон.
Что и жизнь в такой тревоге!
Вот он с просьбой о помоге
Обратился к мудрецу,
Звездочёту и скопцу.
Шлёт за ним гонца с поклоном.

Вот мудрец перед Дадоном
Стал и вынул из мешка
Золотого петушка.
«Посади ты эту птицу, –
Молвил он царю, – на спицу;
Петушок мой золотой
Будет верный сторож твой:
Коль кругом всё будет мирно,
То сидеть он будет смирно;
Но лишь чуть со стороны
Ожидать тебе войны,
Иль набега силы бранной,
Иль другой беды незваной,
Вмиг тогда мой петушок
Приподымет гребешок.
Закричит и встрепенётся
И в то место обернётся».

Царь скопца благодарит,
Горы золота сулит.
«За такое одолженье, –
Говорит он в восхищенье, –
Волю первую твою
Я исполню, как мою».

Петушок с высокой спицы
Стал стеречь его границы.
Чуть опасность где видна,
Верный сторож как со сна
Шевельнётся, встрепенётся,
К той сторонке обернётся
И кричит: «Кири-ку-ку.
Царствуй, лёжа на боку!»
И соседи присмирели,
Воевать уже не смели:
Таковой им царь Дадон
Дал отпор со всех сторон!

Год, другой проходит мирно;
Петушок сидит всё смирно.
Вдруг однажды царь Дадон
Страшным шумом пробуждён:
«Царь ты наш! отец народа! –
Возглашает воевода, –
Государь! проснись! беда!» –
«Что такое, господа? –
Говорит Дадон, зевая, –
А?.. Кто там?.. беда какая?»
Воевода говорит:
«Петушок опять кричит;
Страх и шум во всей столице».
Царь к окошку – ан на спице,
Видит, бьётся петушок,
Обратившись на восток.
Медлить нечего: «Скорее!
Люди, на́ конь! Эй, живее!»
Царь к востоку войско шлёт,
Старший сын его ведёт.
Петушок угомонился,
Шум затих, и царь забылся.

Вот проходит восемь дней,
А от войска нет вестей:
Было ль, не было ль сраженья, –
Нет Дадону донесенья.
Петушок кричит опять.
Кличет царь другую рать;
Сына он теперь меньшого
Шлёт на выручку большого;
Петушок опять утих.
Снова вести нет от них,
Снова восемь дней проходят;
Люди в страхе их проводят,
Петушок кричит опять,
Царь скликает третью рать
И ведёт её к востоку
Сам, не зная, быть ли проку.

Войска и́дут день и ночь;
Им становится невмочь.
Ни побоища, ни стана,
Ни надгробного кургана
Не встречает царь Дадон.
«Что за чудо?» – мыслит он.
Вот осьмой уж день проходит,
Войско в горы царь приводит
И промеж высоких гор
Видит шёлковый шатёр.
Всё в безмолвии чудесном
Вкруг шатра; в ущелье тесном
Рать побитая лежит.
Царь Дадон к шатру спешит...

Что за страшная картина!
Перед ним его два сына
Без шеломов и без лат
Оба мёртвые лежат,
Меч вонзивши друг во друга.
Бродят кони их средь луга,
По притоптанной траве,
По кровавой мураве...
Царь завыл: «Ох дети, дети!
Горе мне! попались в сети
Оба наши сокола!
Горе! смерть моя пришла».
Все завыли за Дадоном,
Застонала тяжким стоном
Глубь долин, и сердце гор
Потряслося. Вдруг шатёр
Распахнулся... и девица,
Шамаханская царица,

Вся сияя как заря,
Тихо встретила царя.
Как пред солнцем птица ночи,
Царь умолк, ей глядя в очи,
И забыл он перед ней
Смерть обоих сыновей.
И она перед Дадоном
Улыбнулась – и с поклоном
Его за руку взяла
И в шатёр свой увела.
Там за стол его сажала,
Всяким яством угощала,
Уложила отдыхать
На парчовую кровать.
И потом, неделю ровно,
Покорясь ей безусловно,
Околдован, восхищён,
Пировал у ней Дадон.

Наконец и в путь обратный
Со своею силой ратной
И с девицей молодой
Царь отправился домой.
Перед ним молва бежала,
Быль и небыль разглашала.
Под столицей, близ ворот
С шумом встретил их народ, –
Все бегут за колесницей,
За Дадоном и царицей;
Всех приветствует Дадон...
Вдруг в толпе увидел он,
В сарачинской шапке белой,
Весь как лебедь поседелый,
Старый друг его, скопец.
«А, здорово, мой отец, –
Молвил царь ему, – что скажешь?
Подь поближе. Что прикажешь?» –
«Царь! – ответствует мудрец, –
Разочтёмся наконец.
Помнишь? за мою услугу
Обещался мне, как другу,
Волю первую мою
Ты исполнить, как свою.
Подари ж ты мне девицу,
Шамаханскую царицу».
Крайне царь был изумлён.
«Что ты? – старцу молвил он, –
Или бес в тебя ввернулся,

Или ты с ума рехнулся.
Что ты в голову забрал?
Я, конечно, обещал,
Но всему же есть граница.
И зачем тебе девица?
Полно, знаешь ли, кто я?
Попроси ты от меня
Хоть казну, хоть чин боярский,
Хоть коня с конюшни царской,
Хоть полцарства моего». –
«Не хочу я ничего!
Подари ты мне девицу,
Шамаханскую царицу», –
Говорит мудрец в ответ.
Плюнул царь: «Так лих же: нет!
Ничего ты не получишь.
Сам себя ты, грешник, мучишь;
Убирайся, цел пока;
Оттащите старика!»
Старичок хотел заспорить,
Но с иным накладно вздорить;
Царь хватил его жезлом
По лбу; тот упал ничком,
Да и дух вон. Вся столица
Содрогнулась, а девица –
Хи-хи-хи да ха-ха-ха!
Не боится, знать, греха.
Царь, хоть был встревожен сильно,
Усмехнулся ей умильно.

Вот въезжает в город он...
Вдруг раздался лёгкий звон,
И в глазах у всей столицы
Петушок спорхнул со спицы,
К колеснице полетел
И царю на темя сел,
Встрепенулся, клюнул в темя
И взвился... и в то же время
С колесницы пал Дадон –
Охнул раз, – и умер он.
А царица вдруг пропала,
Будто вовсе не бывало.
Сказка ложь, да в ней намёк!
Добрым молодцам урок.

Сказка о попе и о работнике его Балде

Жил-был поп,
Толоконный лоб.
Пошёл поп по базару
Посмотреть кой-какого товару.
Навстречу ему Балда
Идёт, сам не зная куда.
«Что, батька, так рано поднялся?
Чего ты взыскался?»
Поп ему в ответ: «Нужен мне работник:
Повар, конюх и плотник.
А где найти мне такого
Служителя не слишком дорогого?»
Балда говорит: «Буду служить тебе славно,
Усердно и очень исправно,
В год за три щелка тебе по лбу,

Есть же мне давай варёную полбу».
Призадумался поп,
Стал себе почёсывать лоб.
Щёлк щелку ведь розь.
Да понадеялся он на русский авось.
Поп говорит Балде: «Ладно.
Не будет нам обоим накладно.
Поживи-ка на моём подворье,
Окажи своё усердие и проворье».
Живёт Балда в поповом доме,
Спит себе на соломе,
Ест за четверых,
Работает за семерых;
До́ светла всё у него пляшет,
Лошадь запряжёт, полосу вспашет,
Печь затопит, всё заготовит, закупит,
Яичко испечёт да сам и облупит.
Попадья Балдой не нахвалится,
Поповна о Балде лишь и печалится,
Попёнок зовёт его тятей;
Кашу заварит, нянчится с дитятей.
Только поп один Балду не любит,
Никогда его не приголубит,
О расплате думает частенько;
Время идёт, и срок уж близенько.
Поп не ест, не пьёт, ночи не спит:
Лоб у него заране трещит.
Вот он попадье признаётся:
«Так и так: что делать остаётся?»
Ум у бабы догадлив,
На всякие хитрости повадлив.
Попадья говорит: «Знаю средство,
Как удалить от нас такое бедство:

Закажи Балде службу, чтоб стало ему невмочь;
А требуй, чтоб он её исполнил точь-в-точь.
Тем ты и лоб от расправы избавишь,
И Балду-то без расплаты отправишь».
Стало на сердце попа веселее,
Начал он глядеть на Балду посмелее.
Вот он кричит: «Поди-ка сюда,
Верный мой работник Балда.
Слушай: платить обязались черти
Мне оброк по самой моей смерти;
Лучшего б не надобно дохода,
Да есть на них недоимки за три года.
Как наешься ты своей полбы,
Собери-ка с чертей оброк мне полный».
Балда, с попом понапрасну не споря,
Пошёл, сел у берега моря;

Там он стал верёвку крутить
Да конец её в море мочить.
Вот из моря вылез старый Бес:
«Зачем ты, Балда, к нам залез?» –
«Да вот верёвкой хочу море морщить,
Да вас, проклятое племя, корчить».
Беса старого взяла тут унылость.
«Скажи, за что такая немилость?» –
«Как за что? Вы не плотите оброка,
Не помните положенного срока;
Вот ужо будет нам потеха,
Вам, собакам, великая помеха». –
«Ба́лдушка, погоди ты морщить море,
Оброк сполна ты получишь вскоре.
Погоди, вышлю к тебе внука».
Балда мыслит: «Этого провести не штука!»
Вынырнул подосланный бесёнок,
Замяукал он, как голодный котёнок:
«Здравствуй, Балда мужичок;
Какой тебе надобен оброк?
Об оброке век мы не слыхали,
Не было чертям такой печали.

Ну, так и быть – возьми, да с уговору,
С общего нашего приговору –
Чтобы впредь не было никому горя:
Кто скорее из нас обежит около моря,
Тот и бери себе полный оброк,
Между тем там приготовят мешок».
Засмеялся Балда лукаво:
«Что ты это выдумал, право?
Где тебе тягаться со мною,
Со мною, с самим Балдою?
Экого послали супостата!
Подожди-ка моего меньшого брата».
Пошёл Балда в ближний лесок,
Поймал двух зайков да в мешок.
К морю опять он приходит,
У моря бесёнка находит.
Держит Балда за уши одного зайку:
«Попляши-тка ты под нашу балалайку:
Ты, бесёнок, ещё молоденек,
Со мною тягаться слабенек;
Это было б лишь времени трата.
Обгони-ка сперва моего брата.
Раз, два, три! догоняй-ка».
Пустились бесёнок и зайка:
Бесёнок по берегу морскому,
А зайка в лесок до дому.

Вот, море кругом обежавши,
Высунув язык, мордку поднявши,
Прибежал бесёнок, задыхаясь,
Весь мокрёшенек, лапкой утираясь.
Мысля: дело с Балдою сладит.
Глядь – а Балда братца гладит,
Приговаривая: «Братец мой любимый.
Устал, бедняжка! отдохни, родимый».
Бесёнок оторопел,
Хвостик поджал, совсем присмирел,
На братца поглядывает боком.
«Погоди, – говорит, – схожу за оброком».
Пошёл к деду, говорит: «Беда!
Обогнал меня меньшой Балда!»
Старый Бес стал тут думать думу.
А Балда наделал такого шуму,
Что всё море смутилось
И волнами так и расходилось.
Вылез бесёнок: «Полно, мужичок,
Вышлем тебе весь оброк –
Только слушай. Видишь ты палку эту?
Выбери себе любимую мету.

Кто далее палку бросит,
Тот пускай и оброк уносит.
Что ж? боишься вывихнуть ручки?
Чего ты ждёшь?» – «Да жду вон этой тучки;
Зашвырну туда твою палку,
Да и начну с вами, чертями, свалку».
Испугался бесёнок да к деду,
Рассказывать про Балдову победу,
А Балда над морем опять шумит
Да чертям верёвкой грозит.
Вылез опять бесёнок: «Что ты хлопочешь?
Будет тебе оброк, коли захочешь...» –
«Нет, – говорит Балда, –
Теперь моя череда,
Условия сам назначу,
Задам тебе, вражёнок, задачу.
Посмотрим, какова у тебя сила.
Видишь, там сивая кобыла?
Кобылу подыми-тка ты
Да неси её полверсты;
Снесёшь кобылу, оброк уж твой;
Не снесёшь кобылы, ан будет он мой».
Бедненький бес
Под кобылу подлез,
Понатужился,
Понапружился,
Приподнял кобылу, два шага шагнул,
На третьем упал, ножки протянул.
А Балда ему: «Глупый ты бес,
Куда ж ты за нами полез?
И руками-то снести не смог,
А я, смотри, снесу промеж ног».
Сел Балда на кобылку верхом
Да версту проскакал, так что пыль столбом.
Испугался бесёнок и к деду
Пошёл рассказывать про такую победу.
Делать нечего – черти собрали оброк
Да на Балду взвалили мешок.

Идёт Балда, покрякивает,
А поп, завидя Балду, вскакивает,
За попадью прячется,
Со страху корячится.
Балда его тут отыскал,
Отдал оброк, платы требовать стал.
Бедный поп
Подставил лоб:
С первого щелка
Прыгнул поп до потолка;
Со второго щелка
Лишился поп языка;
А с третьего щелка
Вышибло ум у старика.
А Балда приговаривал с укоризной:
«Не гонялся бы ты, поп, за дешевизной».

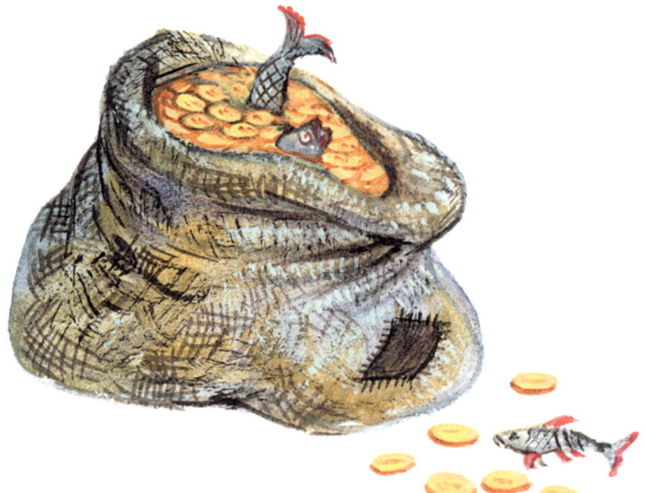

Словарь редких слов и выражений

Бает – говорит, рассказывает.

Бояре – богатые и знатные люди, приближённые царя.

Булат – сталь особой выделки. Оружие из этой стали тоже называли булатом.

Витязь – храбрый воин, богатырь.

Вороты (старинное выражение) – ворота.

Гость – старинное название купца, главным образом иноземного.

Двор – *здесь:* придворные, приближённые царя, князя, служившие при дворе (дворце) царя.

Девичник – в старину перед свадьбой у невесты собирались её подруги. Эта вечеринка называлась девичником.

Душегрейка – тёплая короткая кофта без рукавов, со сборками сзади.

Дьяк – в давние времена учреждения, которые управляли делами государства, назывались приказами, а служащие в приказах – дьяками и подьячими.

Застава – *здесь:* заграждение из брёвен, устроенное при входе в гавань.

«Инда очи разболелись» – так, что разболелись глаза.

Кичка, кика – старинный женский головной убор.

Клёв (от слова «клевать») – клюв.

Колымага – старинная разукрашенная карета, в которой ездили знатные люди.

Латы – железная или стальная броня, которую надевали воины для защиты от холодного оружия: копий, мечей, сабель и т.п.

Лукоморье – морской залив, бухта.

Мета (от слова «метить») – *здесь:* намеченная цель.

Нарёкся – назвался; нарекать – давать имя, называть.

Негде – где-то.

Недоимка – не уплаченный в срок налог или оброк.

Не привальный остров – остров, возле которого не останавливались (не приставали, не приваливали) корабли.

Неуказанный товар – запрещённый товар.

Оброк – *здесь:* дань, деньги.

Оне – они.

Палата – *здесь:* большой зал во дворце. Палатами назывались и дворцы, а также вообще обширные, богатые здания.

Пенять – укорять, упрекать.

Перст – палец.

Подворье – усадьба: дом и двор с разными хозяйственными постройками.

Полба – особый сорт пшеницы.

«Пораздумай ты путём» – обдумай серьёзно, основательно.

Престол – трон, особое кресло на возвышении, на котором сидел царь в торжественных случаях.

Пряник печатный – пряник с оттиснутым (отпечатанным) рисунком или буквами.

Пышный двор – богатые, нарядные придворные.

Ради – рады. Во времена Пушкина говорили «ради» вместо «рады».

Светёлка – светлая комната, отделённая сенями от кухни.

Светлица – светлая, чистая комната. В старину в светлицах обыкновенно жили девушки.

Сенная девушка – служанка.

Снурок – шнурок.

Сорочин или сарачин – сарацин, арабский наездник.

Спе́шить – сбить с коня.

Спуд – сосуд, кадка. Положить под спуд – плотно прикрыть чем-нибудь, запереть.

Столбовая дворянка – дворянка старинного и знатного рода.

Супостат – противник, враг.

Терем – вышка, надстройка над домом. Теремами назывались и высокие, с башенкой наверху, дома.

Толокно – толчёная (немолотая) овсяная мука.

Толоконный лоб – глупый человек, дурак.

Удел – *здесь:* владение, княжество.

Черница – монахиня.

Четами – парами, попарно.

Чупрун – чуб, хохол.

Содержание

Пушкин А. С.

П 91 Сказки / А. С. Пушкин ; ил. А. Власовой. – М. : Эксмо, 2016. – 120 с. : ил.

УДК 82-34-1-93
ББК 84 (2Рос-Рус) 6-5

ISBN 978-5-699-37137-2

Литературно-художественное издание
әдеби-көркемдік баспа

Для младшего школьного возраста
мектеп жасындағы кіш балаларға арналған

Пушкин Александр Сергеевич

Сказки

(орыс тілінде)

Художник Анна Власова

Ответственный редактор *Л. Кондрашова*. Художественный редактор, дизайн *И. Сауков*
Компьютерная графика *А. Матвеев*. Технический редактор *М. Печковская*
Компьютерная верстка *В. Позднякова*. Корректор *Л. Фильцер*

ООО «Издательство «Эксмо»
123308, Москва, ул. Зорге, д. 1. Тел. 8 (495) 411-68-86.
Home page: **www.eksmo.ru** E-mail: **info@eksmo.ru**

Өндіруші: «ЭКСМО» АҚБ Баспасы, 123308, Мәскеу, Ресей, Зорге көшесі, 1 үй.
Тел. 8 (495) 411-68-86.
Home page: www.eksmo.ru E-mail: info@eksmo.ru.
Тауар белгісі: «Эксмо»
Қазақстан Республикасында дистрибьютор және өнім бойынша арыз-талаптарды қабылдаушының
өкілі «РДЦ-Алматы» ЖШС, Алматы қ., Домбровский көш., 3«а», литер Б, офис 1.
Тел.: 8(727) 2 51 59 89,90,91,92, факс: 8 (727) 251 58 12 вн. 107; E-mail: RDC-Almaty@eksmo.kz
Өнімнің жарамдылық мерзімі шектелмеген.
Сертификация туралы ақпарат сайтта: www.eksmo.ru/certification

Оптовая торговля книгами «Эксмо»:
ООО «ТД «Эксмо». 142700, Московская обл., Ленинский р-н, г. Видное,
Белокаменное ш., д. 1, многоканальный тел. 411-50-74.
E-mail: **reception@eksmo-sale.ru**

По вопросам приобретения книг «Эксмо» зарубежными оптовыми
покупателями *обращаться в отдел зарубежных продаж ТД «Эксмо»*
E-mail: **international@eksmo-sale.ru**
International Sales: International wholesale customers should contact
Foreign Sales Department of Trading House «Eksmo» for their orders.
international@eksmo-sale.ru

По вопросам заказа книг корпоративным клиентам, в том числе в специальном
оформлении, *обращаться по тел.: +7(495) 411-68-59, доб. 2261, 1257.*
E-mail: **ivanova.ey@eksmo.ru**

Сведения о подтверждении соответствия издания согласно законодательству РФ
о техническом регулировании можно получить по адресу: http://eksmo.ru/certification/

Өндірген мемлекет: Ресей
Сертификация қарастырылған

Подписано в печать 14.12.2015. Формат 84×108 1/16.
Гарнитура «Петербург». Печать офсетная. Бумага офсетная. Усл. печ. л. 12,6.
Доп. тираж 3000 экз. Заказ № ВЗК-06212-15.

Отпечатано с готового электронного оригинал-макета
в АО «Первая Образцовая типография», филиал «Дом печати — ВЯТКА».
610033, г. Киров, ул. Московская, 122.

ISBN 978-5-699-37137-2
9 785699 371372 >

ИНТЕРНЕТ-МАГАЗИН

0+